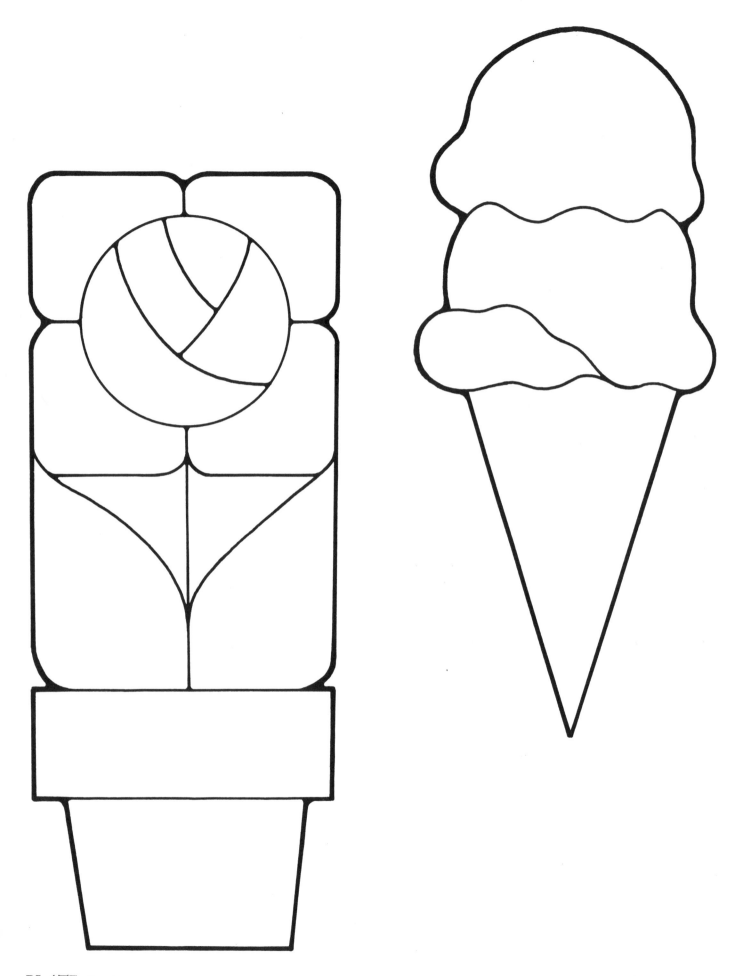

PLATE 2

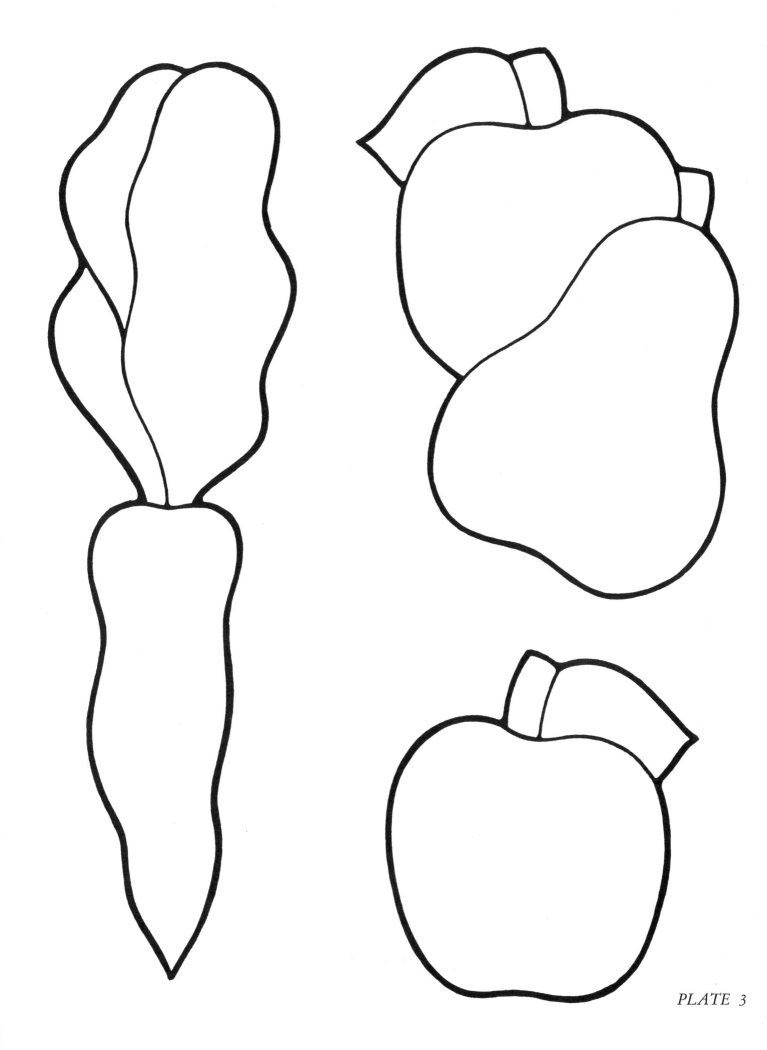

PLATE 3

PLATE 4

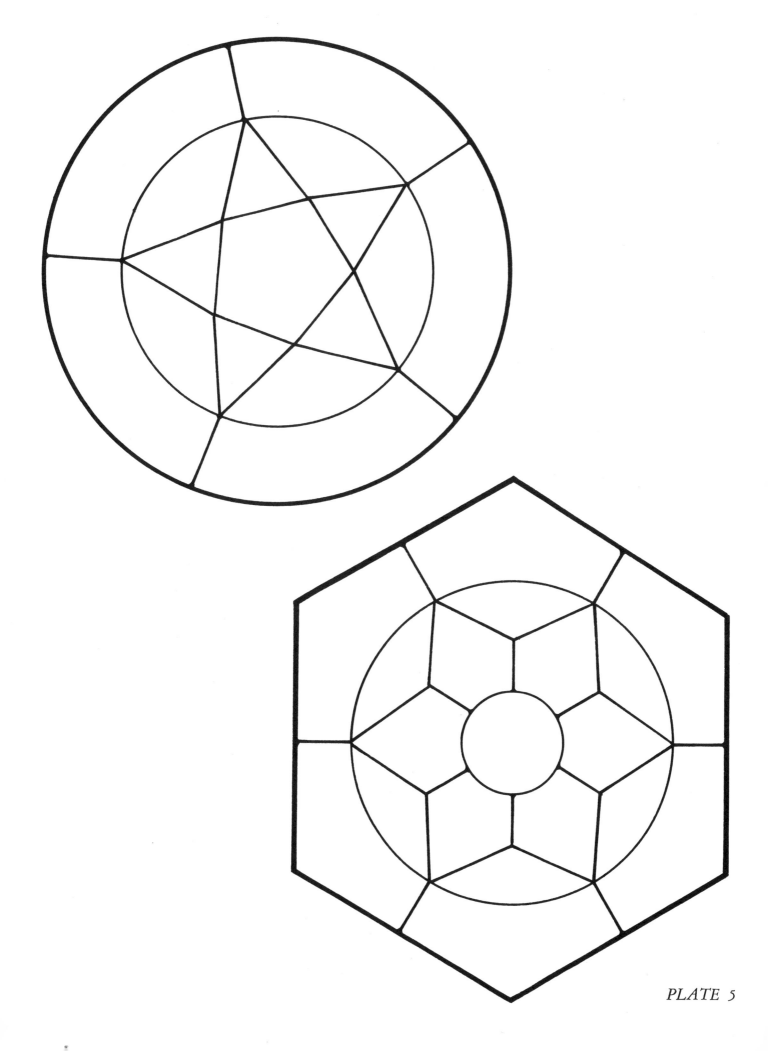

PLATE 5

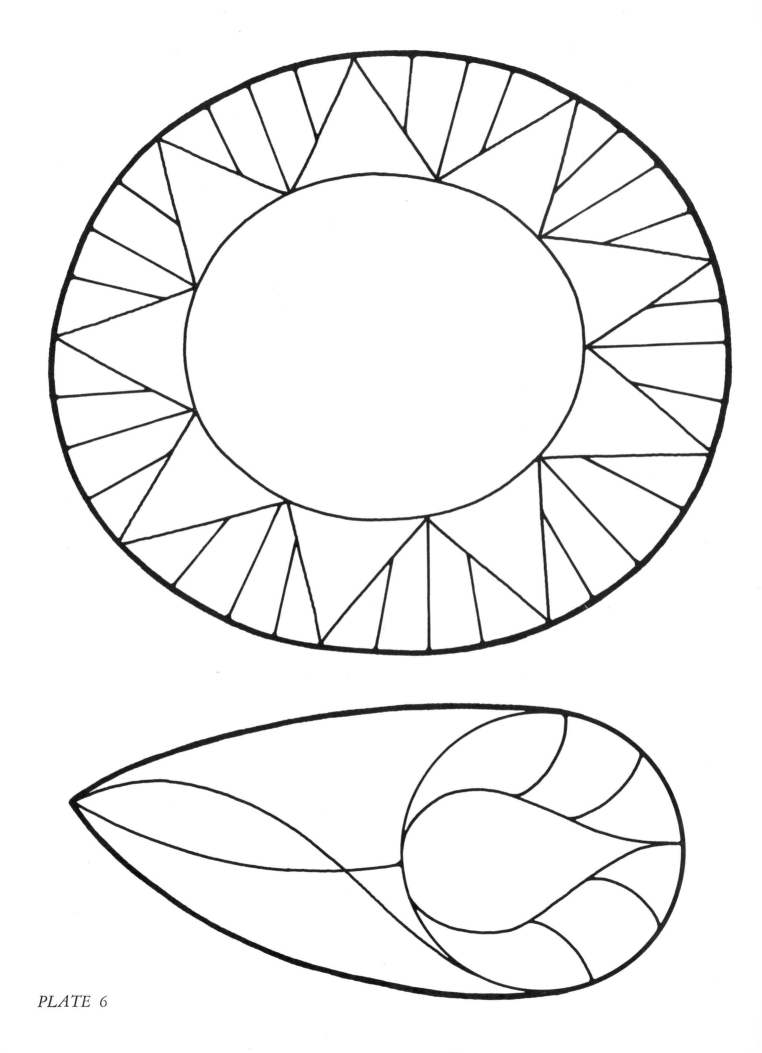

PLATE 6

PLATE 7

PLATE 8

PLATE 9

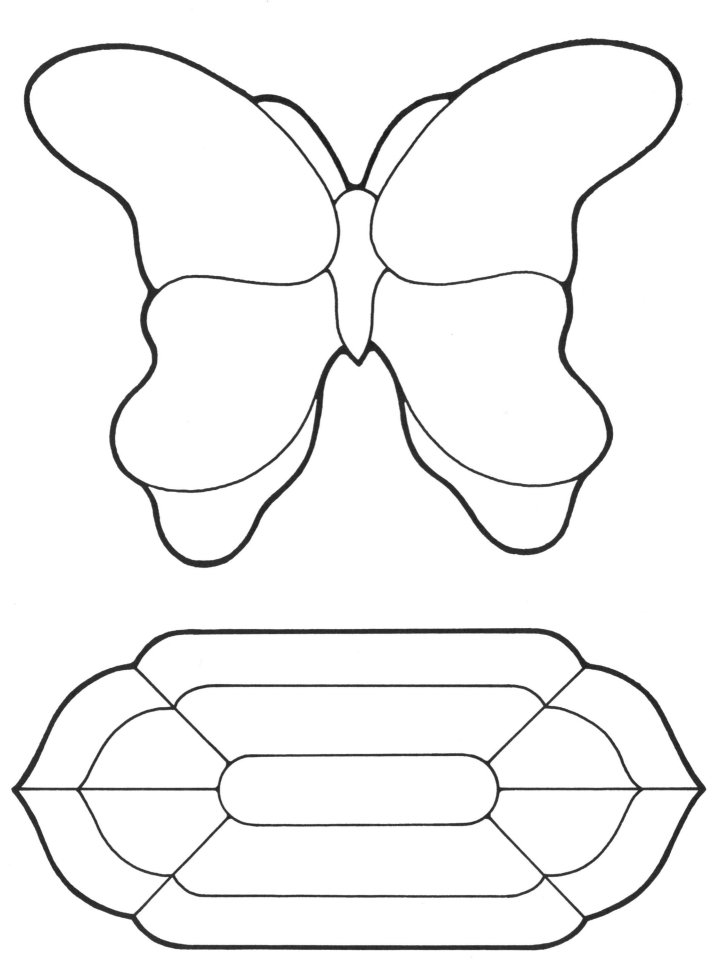

PLATE 10

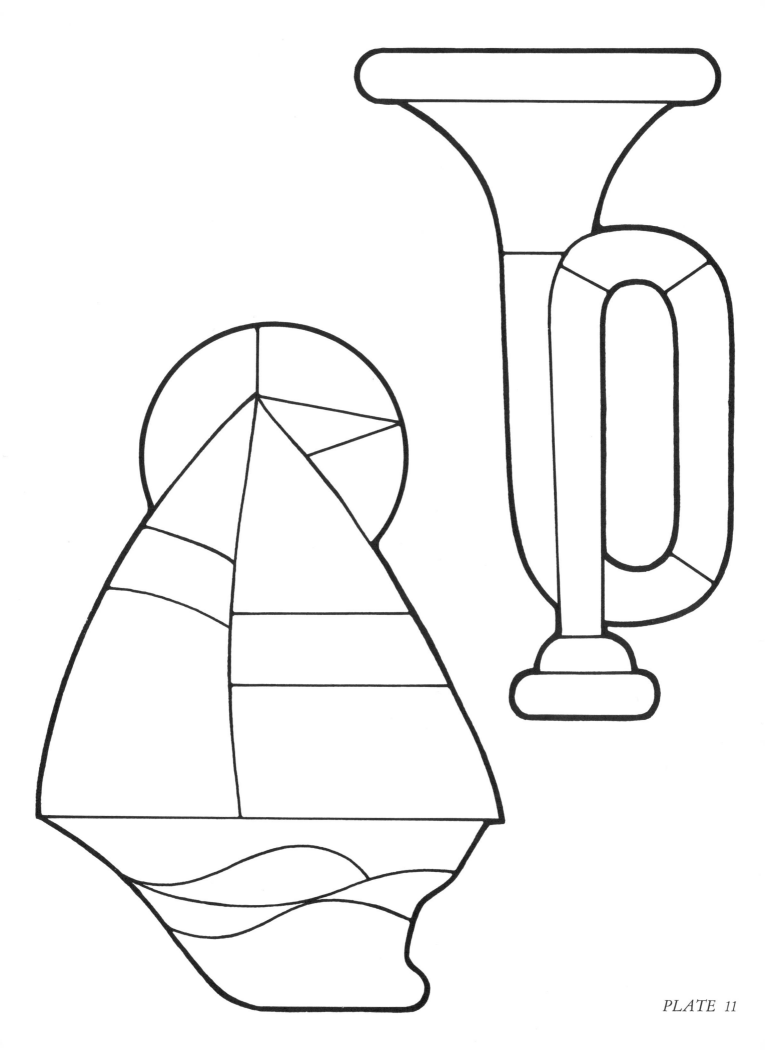

PLATE 11

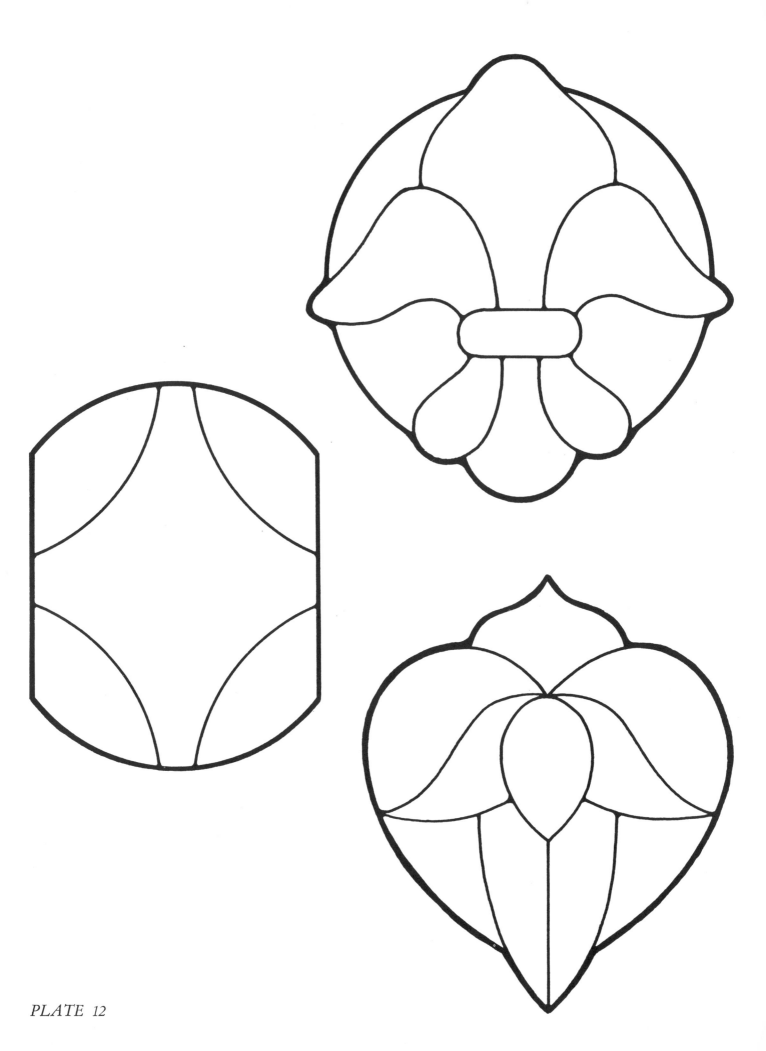

PLATE 12

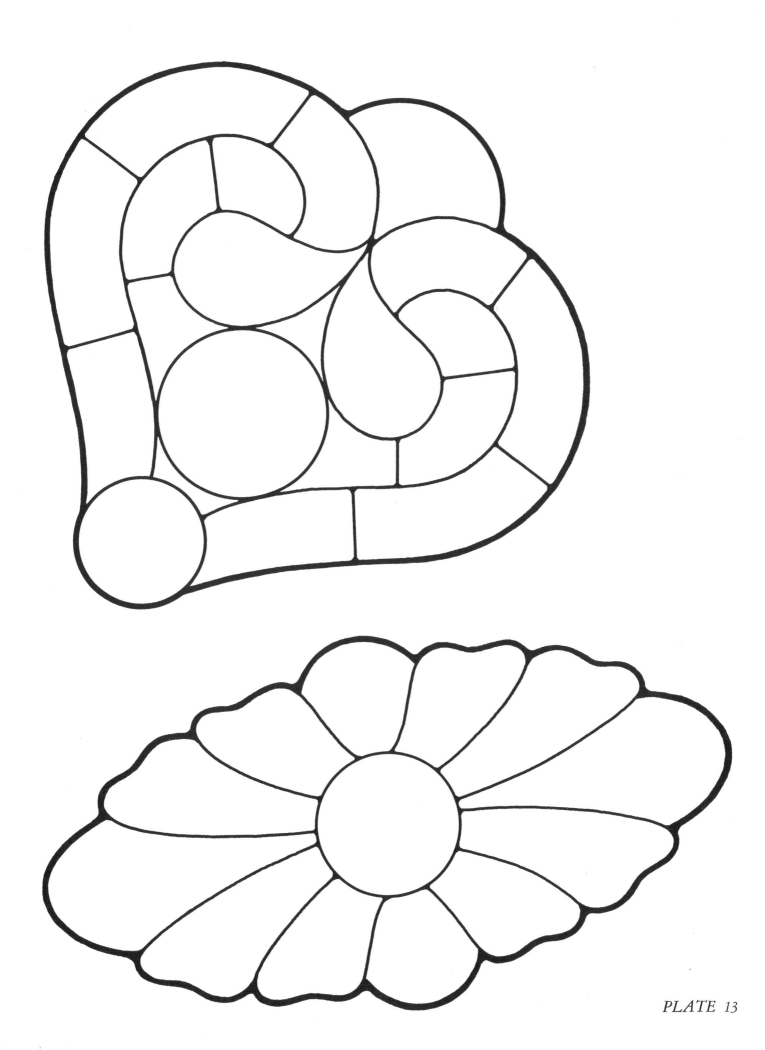

PLATE 13

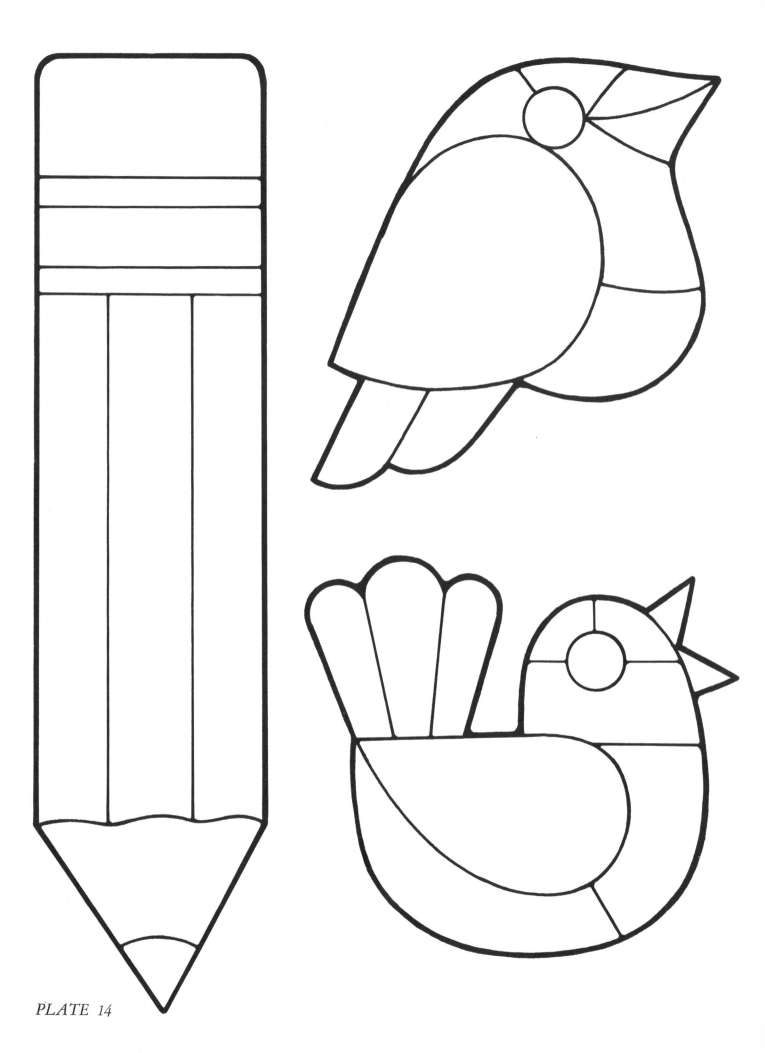

PLATE 14

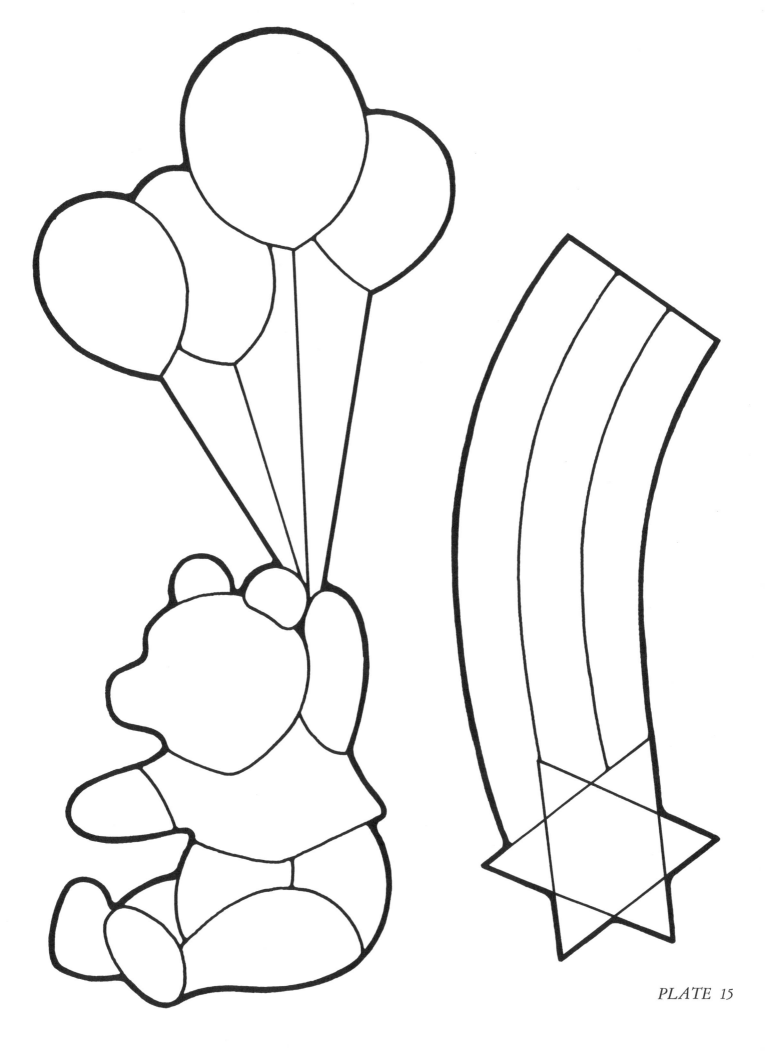

PLATE 15

PLATE 16

PLATE 17

PLATE 18

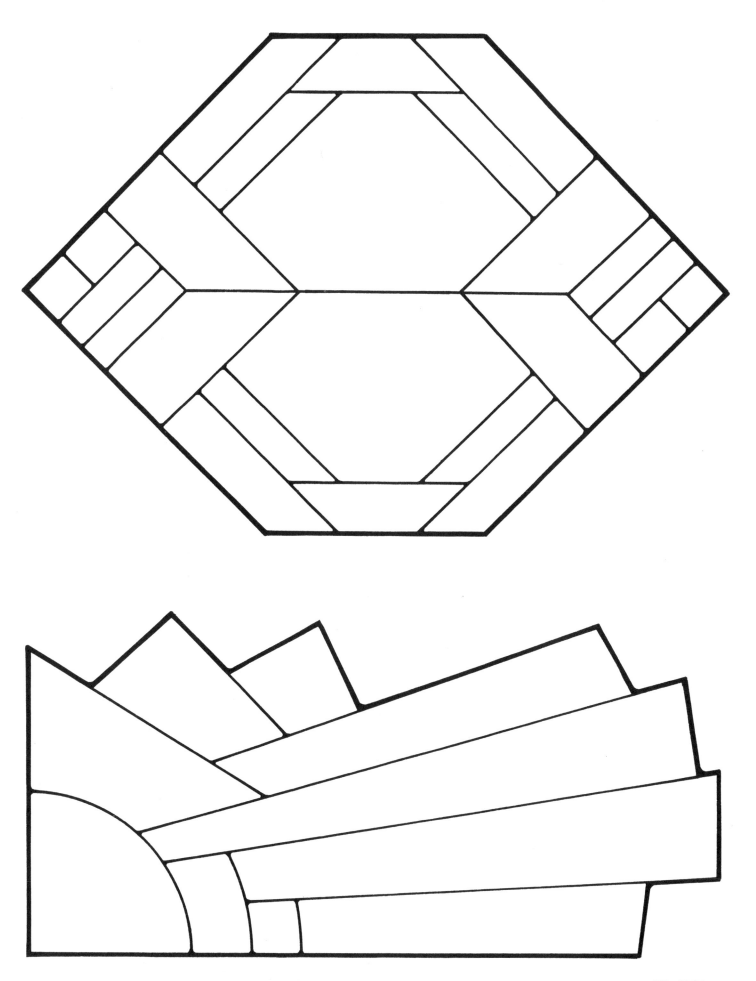

PLATE 19

PLATE 20

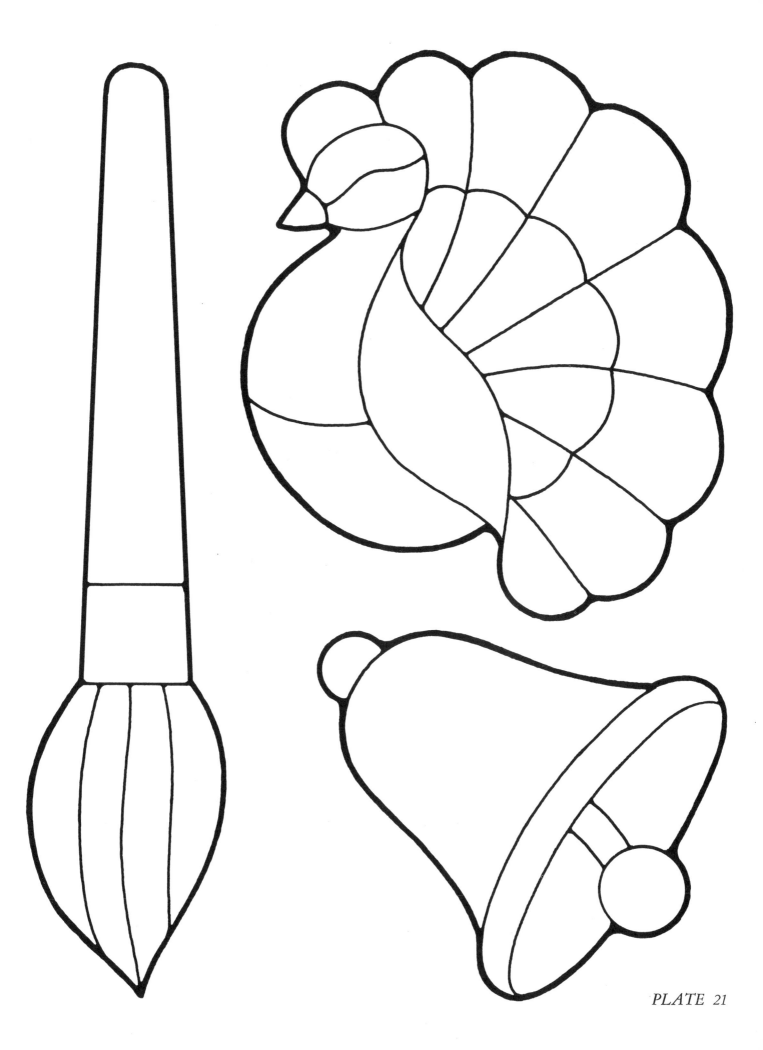

PLATE 21

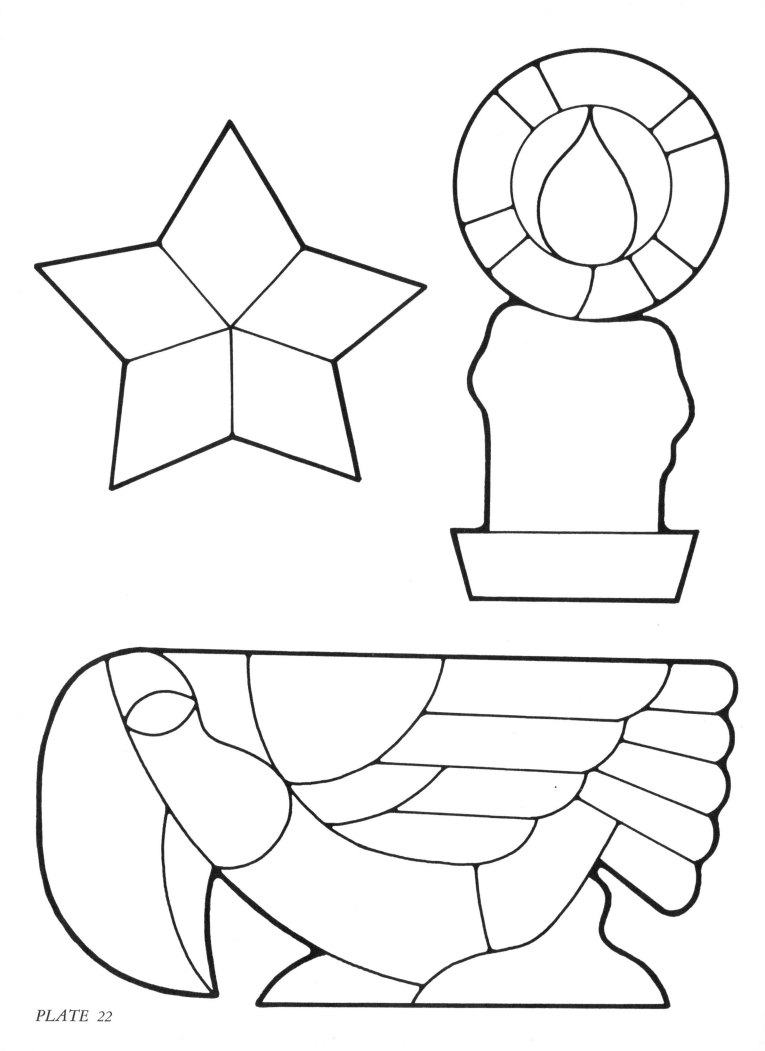

PLATE 22

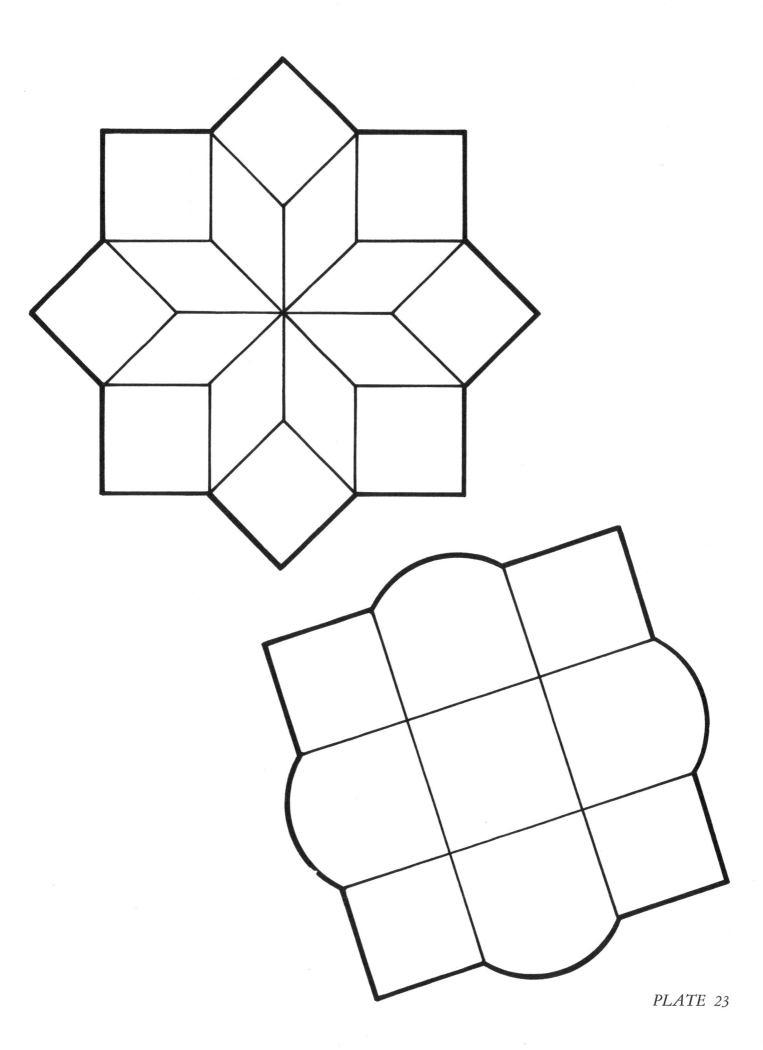

PLATE 23

PLATE 24

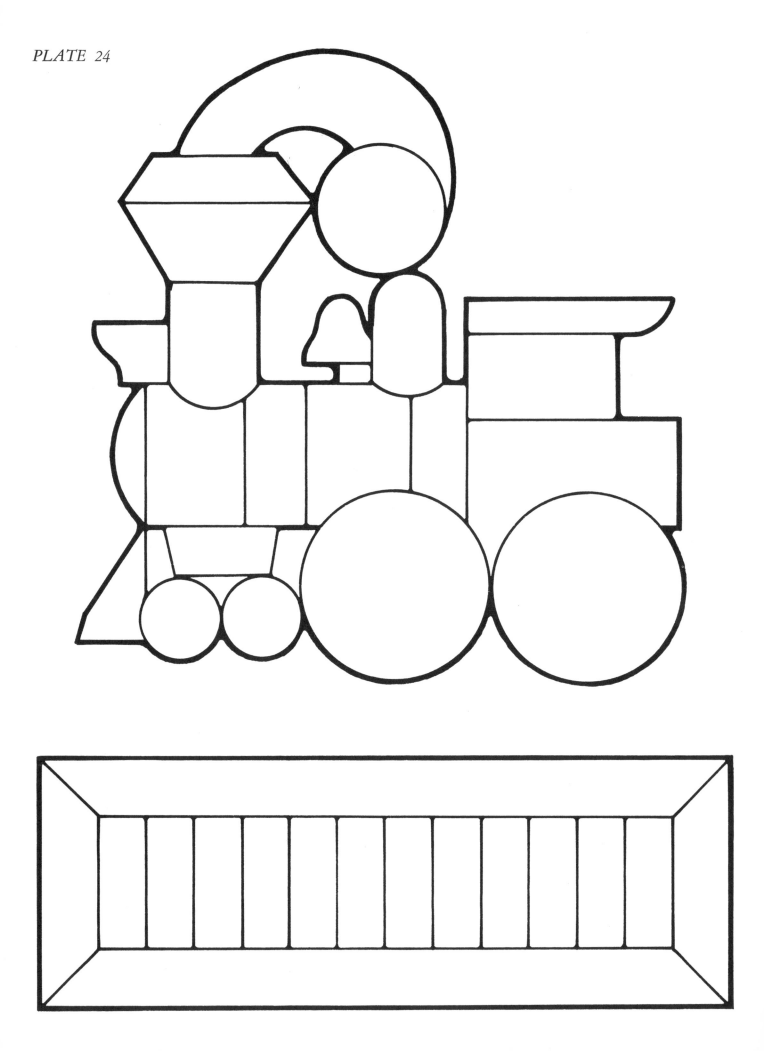

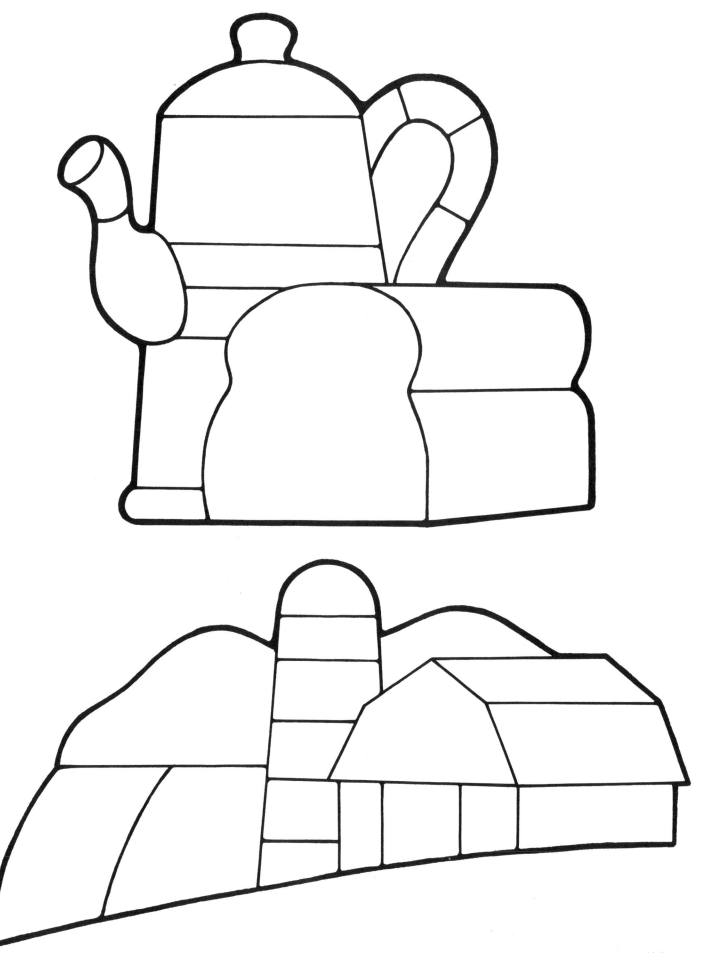

PLATE 25

PLATE 26

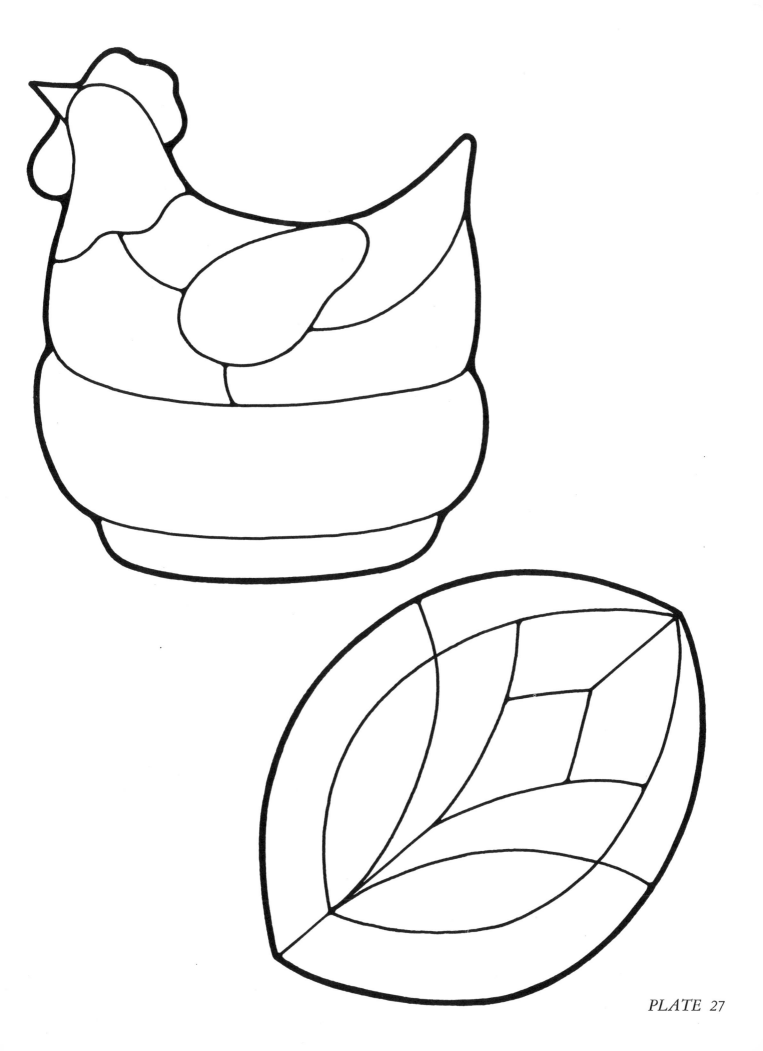

PLATE 27

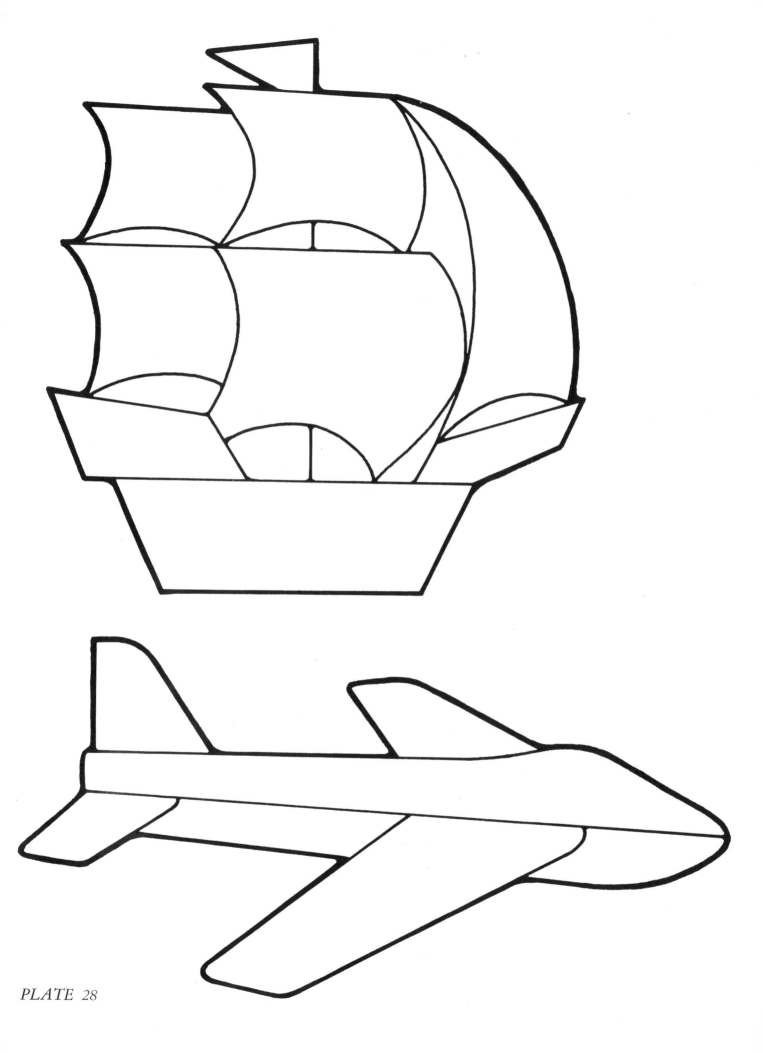

PLATE 28

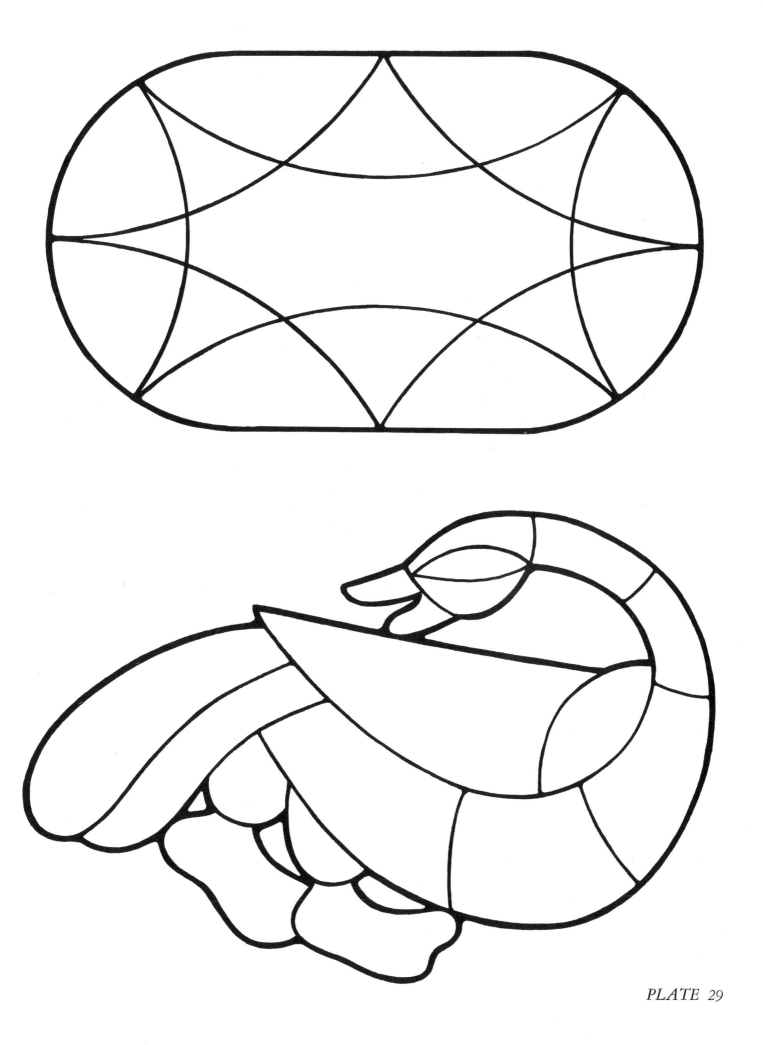

PLATE 29

PLATE 30

PLATE 31

PLATE 32

PLATE 1